폭설 뒤에
구재기

꿈결에서인 듯
어둠을 타고, 뚝, 뚝, 뚜우뚝
대나무 부러지는 소리가 들리더니
어제보다도 눈부신 아침 햇살 속에
처절하게 부러져 있는 대나무가 보인다
그렇구나
푸르디푸르게, 저 혼자 푸르게
봄 여름 가을을 지나
겨울에 이르기까지, 푸르게 푸르게
늘 푸른 모습 오만이게 자랑이더니
드디어 하늘의 노여움을 불러 들였구나
겨우겨우 몸을 지탱타는 것들은
온 몸으로 눈 가득 짊어지고
노역(勞役)의 벌로
허리를 굽히고 왔구나

아침 굴뚝 연기로
당당히 쌓인 눈을 녹이고 있는
가난한 초집, 뒤란의 학안 대숲

詩集 「가슴을 흔들리며 찾고 있다」에 自序로
戊子年 極月에
　　　구　재　기

가끔은 흔들리며 살고 싶다

시작시인선 0112
가끔은 흔들리며 살고 싶다

찍은날 | 2009년 6월 15일
펴낸날 | 2009년 6월 20일

지은이 | 구재기
펴낸이 | 김태석
펴낸곳 | (주)천년의시작
등록번호 | 제300-2006-9호
등록일자 | 2006년 1월 10일

주소 | (우121-883) 서울시 마포구 합정동 355-24 4층
전화 | 02-723-8668
팩스 | 02-723-8630
홈페이지 | www.poempoem.com
전자우편 | poemsijak@hanmail.net

ⓒ구재기, 2009. printed in Seoul, Korea

ISBN 978-89-6021-088-2 03810

값 7,000원

*이 책 내용의 전부 또는 일부를 재사용하려면
 반드시 저작권자와 (주)천년의시작 양측의 동의를 받아야 합니다.

가끔은 흔들리며 살고 싶다

구재기 시집

2009

■ 시인의 말

세상에는
길이 있고
또한 길 아닌 길이 있다
시에도 길이 있고
또한 길 아닌 시의 길이 있다
두 길에의 첫걸음 앞에서
나는 항상 뒷걸음질이다
길인 길로 가고자 하나
나를 바라봄에
나를 찾을 수 없고
길 아닌 길로 나아가려니
나를 바라봄에
나를 잃을 수밖에 없다

오늘도 나는
길인 길로 가는 노력 삼아
시 앞에서 뒷걸음질할 요량이다
그러다 보면
내 시의 원시(元始)에 이를 것이다.

그러나
시의 길인 나의 길은
나에게 아득하기만 하다

기축(己丑) 수선지절(水仙之節)에
산애재(蒜艾齋)에서

■ 차 례

I 사랑은 매일 걷는 길가에 있다

사랑은 매일 걷는 길가에 있다 —— 15
꽃 속에 들면 —— 16
스며든다는 것에 대하여 —— 17
가장 아름다운 시각 —— 18
솔잎 사랑 —— 20
산정(山頂)에 올라 —— 21
백합 향기 —— 22
피멍에 대하여 —— 24
슬픔 하나 —— 25
어둠을 쫓으며 —— 26
고슴도치 사랑 —— 27
잠 아니 오는 밤에는 —— 28
기도에 대하여 —— 30
파도는 지금 —— 31
겨울, 저수지에서 —— 32
빈 항아리, 입을 벌리다 —— 34
저물 무렵 —— 37

II 그리운 불안(不安)

갯벌에서 · 1 ── 41
상처(傷處)에 대하여 ── 43
간격(間隔) ── 44
독도(獨島)는 홀로가 아니다 ── 46
독도(獨島)가 꿈꾸며 ── 48
뼈에 대하여 ── 49
겨울바람은 소리가 큽니다 ── 50
낯선 도구 ── 52
차이 ── 54
지천명(知天命)에 ── 56
하얀 피뿌리 ── 58
봄날, 서릿발을 밟으며 ── 60
그리운 불안(不安) ── 62
한밤에 풍경(風磬)치다 ── 64
떨어지는 나뭇잎을 바라보며 ── 66
장례식장으로 가는 길 ── 68
무량사(無量寺)에서 ── 70

III 헌 책방을 찾아서

궁남지(宮南池)에 두 손을 씻으며 —— 75
빈 하늘 —— 77
헌 책방을 찾아서 —— 78
영광굴비에 대한 추억 —— 80
무정란(無精卵) 하나 —— 82
어둠이 만든 소리 —— 84
쇠비름풀 —— 86
시(詩)를 만나서 —— 87
하루살이 —— 88
그림자 —— 89
엘리베이터에서 —— 90
대나무 —— 91
찻집에서 —— 92
싸라기눈 —— 93
세수를 하며 —— 94
나무는 상채기로 자란다 —— 95
길을 가는 데는 —— 96

IV 가끔은 흔들리며 살고 싶다

보석 탄생 ——— 101
부표(浮漂)에 대하여 ——— 102
배설(排泄)에 대하여 ——— 104
울화(鬱火)에 대하여 ——— 106
노래방에서 절벽을 만나다 ——— 108
폭설 뒤에 ——— 109
화산석(火山石)을 바라보며 ——— 110
다보탑(多寶塔) 앞에서 ——— 111
바이러스(virus)에 대하여 ——— 112
입 속의 새 한 마리 ——— 114
장승에 대하여 ——— 116
가끔은 흔들리며 살고 싶다 ——— 118
소낙비가 지나간 뒤 ——— 120
나이를 먹어간다는 것은 ——— 122
옹이는 살아 있다 ——— 124
오동나무는 젖어서 소리 한다 ——— 126
허상(虛像), 허물어지다 ——— 128

■ 해 설
시의 거울과 무량(無量)의 거울 사이를 들여다 보다
| 김백겸 ──── 130

I
사랑은 매일 걷는 길가에 있다

사랑은 매일 걷는 길가에 있다

그냥 걷는 길가에서
하늘을 본다
움푹 파인 곳마다
물은 깊은 호수로 고이고
그 속에 하늘이 내려와 있음을 본다

매일매일 하늘을 굽어보면서
길을 걸어가면서

아무리 굽어보아도
높은 하늘인 것을
그 깊이를 알 수 없다는 것을 안다

그대여, 사랑은 그렇게
매일 걷는 나의 길가에 있다
소나기가 지나간 자리를 보듬어 있다
나도 모르는 사이 먼저 와 있다

꽃 속에 들면

꽃 속에 들면
내 몸에서 향기가 난다

꽃 속에 들어
꽃대를 타고 땅 속에 들면
지구의 저쪽 이민족의 향기까지 밀려 온다

꽃 속에 들면
내 마음에 열매가 돋아나고

벌 나비가 남긴 자리
제 각기 알맞은 빛깔을 찾아
이적지 가지 못한 푸른 광장을 만난다

그리고, 꽃 속에 들면
낯선 곳 낯선 얼굴도 하나가 된다

스며든다는 것에 대하여

땅 속에 물이 스며든다는 것
후훗! 얼마나 신나는 일이냐
무엇에 스며든다는 것은
무엇과 완전히 한 몸이 된다는 것
보이지 않는 곳에 스며들어
보이지 않는 사랑을 보아라
오, 저 멀리로 확 터져 버린 바다 끝
하늘에 스며들어 바다도 하늘이 되었구나
바다에 스며들어 하늘도 바다가 되었구나
머언 바다 머언 하늘
한 빛깔로 한 몸이 되어 있구나
애인이여, 멀리 있는 애인이여
멀리 있어 하나가 될 수 있는
나의 사랑이여

가장 아름다운 시각

나방이에게도 사랑이 있다
어둠이 와서야 비로소 불꽃이 있다는 것을 알고
나방이는 밤이 깊어지기를 기다려
불꽃을 찾아 나선다
깊은 밤은 사랑을 고백하기에
가장 아름다운 시각
모든 허물을 벗고
비로소 나방이의 날갯짓이 시작된다
그러나 날개는
애당초 하늘을 꿈꾼 게 아니다
날갯짓을 다하여 불꽃을 찾아 날다가
가슴의 압박을 느끼는 순간
사랑하고 있구나
사랑하고 있었구나
불꽃에 뜨거운 몸을 던지고
목숨을 다하는 길밖에 사랑은 없다
불꽃은 저만큼 아스라하다
온몸을 던져 불꽃을 향한 무한의 몸부림

살아야 할 시간

살아갈 시간은 많지 않다
차단된 벽에 온몸을 던지고 나면
사랑은 언제나 어둠을 크게 하여 소리하는 것
차츰 날갯짓이 잦아들기 시작하면
밤은 먼 데서부터 상실이 크다
어둠 속에서 점점 지워지기 시작한다

아침이 순하게 밝아오면서
불꽃은 햇살이 된다
창호지 밖 방충망 아래
날개가 부러진 채 이슬에 흠뻑 젖은
나방이 한 마리의 주검을 보여준다

솔잎 사랑

그대여,
그대가 날 사랑한다면
사랑하여 날 품어 준다면
난 그대 가슴에 꽂는
비수(匕首)가 될 수밖에 없다

온갖 천품(天稟)을 다하여
사랑할 수밖에 없다

산정(山頂)에 올라

온몸으로
땀을 흠뻑 흘리면서
헉헉 가쁜 숨을 몰아쉬고는
드디어 정복하고야 말았다는
기쁨을 누리는 순간
난생 처음
바람의 손길에
애무당하는
황홀한 관계를 가졌다

백합 향기

창밖에서는 어둠이
는개처럼 가물가물 피어내리고
건너 편 아파트 같은 높이의 창 속
형광등 불빛이 새어 나오는데
아, 우윳빛의 황홀한 불빛이여
엷은 커튼에 은근히 드러나 보이는
한 여인의 낯선 알몸빛이여
거울 앞에서
자신의 알몸에 취하기라도 한 것일까
머리칼끝에서 발끝에 이르기까지
휘둘러 보이는 몸짓이 온통 우윳빛이다
여인은 때때로
자신의 알몸을 바라보면서도
그 아름다움에 취할 수 있다는 말인가
오, 그렇다
아름다움이란 자신이 먼저 취할 수 있는 것
스스로 취하여 스스로 놀라워할 수 있는 것
어디에선가
갑자기 번져 오르는 우윳빛 향기
며칠 전 아내가 얻어와 화병에

꽂힌 백합, 한 줄기에 네 송이가 달려 있는
백합 향기가 마냥 우윳빛이다

어느 새 우윳빛 향기가
파르르 날개를 치며
창밖으로 빠져 나가고 있었다

피멍에 대하여

아픔도
지나고 나면 푸르다

간밤의 어둠이 극성일수록
나팔꽃잎에 요란한 햇살이 피고
그 햇살이 먼 산으로 번져
짙은 푸르름의 여름산이 되듯

그렇게 사랑이 기두하여* 가듯

피멍도 지나고 나면
피부 깊은 속
좋은 빛깔의 무늬가 된다

* 기두(起頭)하다: 중병이 차차 낫기 시작하다

슬픔 하나

울다가 지치다가
마침내 터져 버린
슬픔 하나만 있으면 된다

슬픔이란 애당초
처음으로 돌아가게 하는 것
슬픔 하나로 사랑이 시작되는 것

바람들은 제 각각 기쁨으로
빈 나뭇가지를 사뭇 흔들어 대지만
나에게는 슬픔 하나 있어
나를 흔들고 싶다

사랑이여,
너는 지금 어디로 가려는가
목덜미로 내린 눈이 차게 녹아
내 맨살 속으로 파고듦에 뜨거움이 되나니

어둠을 쫓으며

떼 지어 날아드는
하루살이는 시방 필사적이다
단 하루 이 질긴 목숨으로 태어나
가장 뜻있는 사랑을 맞는다는 것은
진종일 땀을 흘리고 나서
온 몸에 찬물을 끼얹듯
그 후련하게 타는 불꽃에 뛰어듦이니

나의 목숨에 주어진
경각인 지금
어둠을 쫓으며, 지상은
정염(情炎)의 불꽃 마련에 한창 바쁘다

고슴도치 사랑

나도 사랑이라는 것을
할 수 있을까

나의 사랑 확인은
그대에게 보내는 비수입니다

아픔이라는 것이
오직 나의 사랑

그 아픔 때문에
나는 오늘도 사랑을 합니다

잠 아니 오는 밤에는

잠 아니 오는 밤에는
이리저리 뒤채이지 말고
궁상스럽게, 촘촘스럽게*
묵은 사진이나 꺼내볼 일이다
누운 자리에서 벌떡 일어나
좀스러이 지난 자국 속을 헤집을 일이다

새벽 불빛에 가리워진
먼 별빛을 찾아 헤매다가
촉촉이 이슬에 발목을 적시며 지나가는
이름 모를 새소리를 주워듣다가
잠 아니 오는 밤에는
어둠에 젖어 흐느적거리는
창 밖의 바람소리를 긁어모을 일이다

어제의 일은 어제에 살아있게
내일의 일은 내일로 살아있게
잠 아니 오는 밤에는, 언제나
잠 아니 오는 자국거리를 찾을 일이다
묵은 사진 속에 삼삼히 기록된

슬픈 이야기를 샅샅이 훑어내어
이별 한 오라기라도 뽑을 일이다
눈물 한 종재기라도 채울 일이다

새벽까지 잠 아니 오는 밤에는
하늘의 별이 하나하나 사라지는 걸 보며
그렇게 어제와 내일이 잃어가는 걸 보며
지금 이 시간, 슬퍼할 것도 없는 슬픔을
슬퍼할 사랑 하나로 남겨진 것이
참으로 기쁨이었노라고 말할 수 있을 일이다
묵은 사진 하나를 위해 비워놓았던 것처럼
그만둔 자리에 그리움 가득 채워 넣고
창창창 밝아오는 햇살을 맞을 일이다

＊촘촘하다(촘촘스럽다) : (틈이나 구멍의) 사이가 썩 배다

기도에 대하여

기도란 잠든 머리맡에 내려주는 축복
문풍지를 울리는 어둠을 만나면
어둠을 물리는 촛불을 소리 없이 밝혀주는 것

사랑하는 사람의 잠든 발밑에 엎드려
오늘도 하루 무사히 걸어온 길을 만난다
길 위에 뜬세상을 만난다

세상에는 바람만 지나는 것이 아니라
슬픔이었다가 아픔이었다가 눈물이었다가
마침내 모든 것이 하나가 되어 이루는 곤한 잠

기도란 잠든 머리맡에서 깊은 숨소리를 듣는 것
두 손 모은 축복을 펼치며
흔들리는 등잔불의 심지를 돋구어 어둠을 듣는다

사랑하는 사람의 숨소리 속에서
조근조근 피어오르는 한 편 씩의 시
어둠이 어느 새 미명(微明)으로 사그리고 있었다

파도는 지금

우는 게 아니라
몸부림하는 게 아니라
바람으로 함께 그렇게
천 년을 살아온 몸짓일 뿐이다

헤어짐 앞에서
울음하는 게 아니라
사랑하는 동안 그렇게
흘려왔던 눈물을 계속할 뿐이다

행복도 슬픔이 될 수 있다는 걸
사랑도 눈물이 될 일 있다는 걸
파도는 지금 바람으로 함께
천 년 전 이별의 모습으로 보여준다

일상 헤어짐의 일이란 그렇게
오늘의 것이 아니라
천 년 전의 그 모습이란 걸
파도는 온몸의 몸부림으로 알려준다

겨울, 저수지에서

겨울날, 아직은 얼지 않았을 때
물낯 위에 비추인 불빛이 아름답다 했다
어둠에 가려진 희미한 여자의 얼굴
긴 속눈썹을 마구 움직이지 했다

온 누리에 가득 어둠이 배이고
싸한 바람이 불어올 때
처음으로 고백이란 걸 했다
머뭇거리던 입술이 두렵스럽게 찾아졌다

수없이 밀려오는 잔물결이
끊임없이 출렁거렸다, 가슴처럼
앞서거니 뒤서거니 물결을 따라
저수지 물낯에 빛물결을 이루어 놓았다

낮은 숨소리로 마음을 들려주는 여자
이런 속에서 한 평생 살았으면 했다
이 세상 어떤 슬픔이 찾아온다 하더라도
그것은 나의 것이 아니지 싶었다

어둠은 물낯으로부터 차츰 뭍에 닿아
밝음으로 나아갔다. 밝음이 그렇게 싫었다
어둠 속에서 서서히 나타나는 여자의 얼굴
추위 때문인지 두려움 때문인지 파리해졌다

어느덧 새벽 낱빛에 어둠이 물러나고 있었다
먼 마을이 살아 오르면서
물낯에 젖어 있는 여자의 얼굴이
처음 미소하는 걸 보았다

물낯은 아직도 얼어붙지 아니했다

빈 항아리, 입을 벌리다

속눈썹이 길어
자주 속눈썹이 흔들리는 여자
작은 바람에도 쬐끔은 놀랄 줄을 아는 여자

멀리로 가는 철길을 따라
한없이 한 곳을 향하여 가면서도
결코 자신의 길은 놓지 아니하는,
보리모개 출렁이는 냇둑을 따라
아픈 발자국에 눈길을 모아 걸어가면서
두 눈이 빨개지도록 그리움에 취할 줄 아는 여자

처음 사랑한다는 말을 듣고
그게 저 푸른 하늘에만 있는 말씀인 줄 알았다면서
무엇인가 땅 끝에서 하늘로 달음질치는 것 같았다는,
사랑한다는 말은 오직 한 번뿐이라면서
아끼고 아껴 차마 사랑한다는 말을 하지 못하는 여자

되돌아오면 땅위에 혼자 서 있을 뿐
그래서 눈물도 홀로 흘린 날이 많았다는 여자
살아간다는 것은 바다에서 갓 건져 올린 생선처럼

제 자리에서 파닥파닥 튀어 오르는 것이라는 여자

나무처럼, 가지 잘린 나무처럼
살아오는 동안에 만난 상처나 보듬고
자식 기를 뿌리를 좋이 뻗어내면서
꽃 피듯 눈물 한 옹큼씩 피워내고

사랑한다는 것은
살아가는 동안 빚질 일이 전혀 없이 하는 것
긴 속눈썹을 움직이며 아직도
울어야 할 사랑을 남아 있게 하고픈 여자

몇 점 남은 시간을 쪼개고 쪼개다 보면
울고 싶어도 울지 못할 일도 많다면서
죽으면 속눈썹도 따라 죽겠지
겹겹이 쌓인 추위가 막바지인데
곧게 내리 쏟아지는 햇살에 눌려 놀라는 여자

햇살보다 달빛을 그리는 여자
이른 봄 물 오른 나뭇가지로 쬐끔은 자리하고는

구름처럼 제 스스로 그늘을 만들어 안존할 줄 아는 여자

서둘러 아침밥을 챙겨먹고
빈 항아리 입을 벌리듯
미처 아물지 않은 박꽃을 찾을 줄 아는 여자

* 이 작품은 시집 『살아갈 이유에 대하여』에 수록한 「여휘(餘暉)」의 첨작(添作)임

저물 무렵

몇 발자국 앞서
성숙한 한 여인이 걷고 있다
아침 창문 열어 처음 만난 바람 기운 같다
일정한 간격으로
들려오는 발자국 소리
그 소리에 맞추어
엉덩이에 매달린 치맛자락의 흔들림이 일정하다
간격을 좁히려 하자
점점점 빨라지는
필사적인, 저 춤, 저 춤의 율동
아, 지구는 지금
거대한 무대
한 여인의 연기는 완전하다
온전한 독무대에는 언제나
관객은 하나
어둠이 몰려오기 시작하는
가장 깊은 곳에서
순간의 현기증이
제멋대로 황홀하게 치솟아 오른다

II
그리운 불안(不安)

갯벌에서 · 1

갯벌에 서서
먼 바다, 출렁이는 수평을 만난다
수평이란 저렇게
수없이 출렁이고 나서야 이루어지는 것
출렁이는 물결이
먼 바다에 나가 출렁이는 수평을 이루면서
서서히 드러나기 시작하는 갯벌
시의 행간에서처럼
구석구석 넘쳐나듯 일어서는 생명체들로
갯벌은 또 다시 출렁임에 부산하다

살아있는 수평의 출렁임
아낙네들의 손끝에서부터
하나하나 확인되는 생명체들이
햇살 눈부시게
완전한 시 한 편씩을 토해내고 있다

하늘빛이 내려와
먼 바다와 하나가 되는
수평의 푸르름을 만난다

이 갯벌의 생명체들이 엮어낸
저 위대한 대서사시
먼 바다의 수평이 출렁일 때마다
갯벌은 부산한 생명체들로 가득하다

상처(傷處)에 대하여

깊은 상처에
새로 돋아난 새살은 곱다
닦아 놓은 유리창이
문득 없어졌구나—하는
순간적인 놀라움처럼
상처투성이에서
곱게 움돋아 피어난 새살은 꽃이다
세상을 둘러보면
온통 새살, 모두 다 아름답다
아름답게 보이는 것은
나의 깊은 상처 때문이다
깊은 상처에서
새살이 돋아나기까지에는 적어도
한 30년은 필요할 것이다

아내가
나의 상처 속에서 웃고 있다
아내의 웃음이 두려워지는 요즈음
혹이나 아내의 깊은 상처가
보이기 시작할까 두렵다

간격(間隔)

간격이 있어야
그리움을 낳는다
사랑을 이룬다
일정한 간격으로 떨어져 있던 소나무들이
하늘 가까운 곳에서
바람의 힘을 빌어
우듬지를 서로 맞부빈다
날카로운 이파리로 서로를 애무하더니
바람소리가
솔바람 소리가 된다
대나무 또한 그러하다
바람소리를
대바람 소리로 노래한다

하늘 높이에서
끼룩끼룩 사랑의 노래를 부르며
일정한 간격으로 행렬을 이루며
같은 방향으로 날아가는 철새들
일제히 날아가면서
앞뒤의 안부가 서로 궁금하다

조금의 간격도 없이
매양 나와 서로 다투는 아내여
이제부터 솔바람 대바람 소리를 듣기로 하자
하늘을 우러러
철새들의 노래를 배우기로 하자

독도(獨島)는 홀로가 아니다

독도를 그리며
문득 '홀로' 라는 말을 생각는다
사랑하는 부모 곁을 떠나
당당하게 멀리 자리한 뒤
보이지 않는 손짓의 거리에서
'홀로' 라는 말은 언제나 눈물겹다
어머니와 아버지로부터 벗어나
'홀로' 가 된 지금
고고히 자리한 독도는
언제나 그리움에 목마르다
단 한 순간에도 어느 한 찰라에도
밀려오는 물결
밀려오는 물결의 출렁임에
불어오는 바람
불어오는 바람의 흔들림에
독도는 진한 피의 뜨거움에 탄다
멀리 홀로 자리하고서도
몸과 마음은 후끈한 어버이의 품 속
그래서 독도는 언제나
홀로여도 홀로가 아닌 게 된다

독도는 결코
홀로가 될 수 없다

독도(獨島)가 꿈꾸며

나에게는
그리움이 없다
다만 살아서
홀로 뻗어나가는 것일 뿐

멀리 백두대간의 손가락 끝에
한 점 튕겨나간 나의 살점 하나

동해라는 대지 위에
목숨의 뿌리를 내려가고

백두대간의 바위처럼
거대한 그리움 하나
나에게는
그것마저도 위대한 역사가 된다

뼈에 대하여

나에게는 뼈가 있다
겉으로 드러낸 적이 없는
단단한 뼈로 나를 지탱해오기
어느덧 지천(知天)에 이르렀다
어머니가 흙이 되고
아버지 또한 흙으로 가고
아내가 수술실로 들어간 뒤
하늘 한 번 보지 못한
핏덩이까지도 내 뼈를 보지 못했지만
이 너른 지구를 당당히 밟고 살아가도록
내 몸을 지탱해 준 것은 오직
내 보이지 않는 뼈였다

단 한 개의 뼈도 감추지 않고
송두리째 속을 비워버린 대나무가
푸르게 푸르게 살아가고 있는 것을
철저하게 비웃고 있는 나에게는
겉으로 전혀 보이지 않는 뼈가 있다

겨울바람은 소리가 큽니다

비어 있다는 것은
빈자리 넉넉하다는 것입니다
겨울이 되면 온 세상은 모두 텅 비어 있습니다
앞뒤를 둘러보다가
저만큼의 겨울나무를 바라봅니다
빈자리를 보아 마음껏 몸을 흔들어대는 데도
아무런 걸거침이 없어져버린 것입니다
흔들어대는 몸도 가벼워져서인지
다물어버린 나무의 입술 사이로
겨울바람은 마냥 큰소리를 내는 것입니다

아버지가 가시고 넉넉해진 빈자리
쏟아질 눈물마저도 없어지고서
내 목소리가 한층 크게 자라났다고 그럽니다
사루워야 할 노을빛도 보이지 않는 이 겨울
사랑을 잃어버린 누이도
이제부터는 점점 큰 소리입니다

아버지가 푸성귀를 가꾸던 자리
텅 빈 텃밭이 어둠으로 깊어지면

온통 겨울바람 차지입니다
누이의 사랑, 내 눈물과, 그리고
겨울바람은 홀로
어둠이 넉넉한 곳에서 소리가 큽니다

낯선 도구

모처럼 날아온 편지 한 장을 받고는
기쁨으로 겉봉에 가위를 댄다
가위란 필요 없는 부분을
척척척척 잘라낼 수 있는 것
그 도구
가위처럼 두 날이 이렇게
척척척척 뜻을 맞추어 살아갈 수 있을까
두 사람이 그렇게 잘 어울린다며
오래 살다보니 얼굴까지 닮아간다며
결혼식장에서부터 오늘 선 이 자리까지
수많은 박수를 받아왔지만
과연 아내와 나는
얼마만큼 가위가 되어 살아왔을까
나는 나대로
아내는 아내대로 걸어온 길
가윗날을 세우면서
날을 부비면서
살아오며 고이 접어온 종잇장 몇
모처럼 받아든 편지 한 장을 받아들고는
아내와 내가 이마를 맞대고

편지 겉봉에 가위를 갖다 댄다
딸아이가 서울로 시집가서 보내준
백일맞이 외손주의 사진을 보려고
낯선 아내와 낯선 내가
하나의 가위 되어, 가윗날이 되어
낯선 도구로 편지 겉봉의 모서리를 베어낸다

차이

참 이상한 일이다.
같은 빛인데
햇빛과 달빛의 차이는 웬 일일까?
햇빛은 강하면 강할수록 따뜻하고
달빛은 강하면 강할수록 차갑다
밤이 어둠으로 차가운 것도
낮이 밝음으로 뜨거운 것도
바로 그 빛이 가진 차이라는 것이다
그러고 보면 나는 언제나
낮과 밤 사이로만 살아왔구나
그 차이에서 단 한 번도
벗어나지 못한 채로 살아왔구나
그렇다, 해와 달처럼 만난
아버지와 나 사이의 차이
그래도 여전히 아버지의 성을 이어받아
소중히 아끼며 살아가는 오늘
갑자기 시집간 딸아이가 생각나는 것은
바로 그 차이로 만난 빛 때문이 아닐까

낮밤으로 바람에 흔들리면서도

여전히 반짝일 수밖에 없는
미루나무 이파리의 햇빛을 본다
그 달빛과의 차이를 본다

지천명(知天命)에

백미러 속으로
뒤따르던 차 한 대가
선뜻 들어선다

불혹은 족히 넘겼을 것이다
차마 떨어질까, 붙어 앉은
남, 그리고 여

머언 만남일수록 다가앉고
내외는 앉은 거리 넉넉하다는데
백미러 속에서는 시방
고운 사랑일까, 만남일까

아내는 아예
뒷좌석을 모조리 차지하고
외손자를 안고 얼르기에 한창이다

길가에 쓰러진
나이든 나무토막 하나
어둠이 포식하기 시작할 무렵

낯선 풍경일수록
아내의 눈을 피하면 부럽다

하얀 파뿌리

팟단을 들고 밖에 나갔다 들어오더니
아내의 손에 들린 파뿌리에서
흙붙이가 모두 사라져 버렸다
아내는 조금의 망설임도 없이
가장 날카롭고 날렵하고 멋진
칼 하나를 들어
여지없이 파뿌리를 싹둑싹둑 잘라낸 것이다
검은머리가
파뿌리가 되도록 잘 살아라
그 때 그 시각의 목소리라도 잘라낸 것일까
손끝 끝마디에 힘이 붙었다
순식간에 스치는 어떤 두려움
나의 불안이 안주를 찾지 못하고
거실의 TV 화면 속을 헤맬 때
아내는 이미 뿌리 잃은 파의 겉옷을 벗기고
하얀 속살을 성큼성큼 잘라냈다
펄펄펄펄 끓고 있는 냄비 속에 내던졌다
검은머리 파뿌리 되도록 살아라
그 때 그 시각이 일순간에 사라지고
펄펄펄펄 끓어대는 불안이 삭혀지고

이게 무슨 일인가
뿌우연 김처럼 번져 오르는
처음으로 만난 미각
그렇구나
검은머리 파뿌리가 되기 위해
새로운 변신이 저렇게 숨어 있었구나

새삼 마주한 밥상에서
아내와 얼굴을 확인하고 있는데
찌개맛이 어떠냐고 묻는
웃음 감긴 아내의 얼굴에서
전에 보지 못한 굵어진 물결들이
파르르르 흔들리고 있었다.
아내의 검은 머리칼 사이에서
하얀 파뿌리 몇 몇이
소리 없이 내리고 있었다.

봄날, 서릿발을 밟으며

아무런 생각도 없이
산모롱이 음지쪽을 돌다가
발바닥 아래 부서지는 서릿발을 만난다
메마른 봄날에 저항이라도 하는 것인지
일제히 칼날을 곧추세우고 있다
칼날 진 흙, 그 분노처럼
단단히 응어리진 채로 겨울을 나고
이제 마악 봄으로 가는 길목
얼어붙을수록 단단하게,
어떤 거친 발자국도 묵묵히 견뎌오고
서로가 서로의 몸을 취해 마침내 하나를 이룰 줄 아는
산모롱이 음지쪽의 거대한 서릿발
서로가 서로의 냉기를 부추기며
촉촉한 물기에 젖다 보면 하나가 된다
얼어붙는다는 것
단단하게 서로의 틈을 없애버린
부부 사이, 오누이 사이
두 어깨를 겯고 한발 앞서가는 연인 사이
조금의 틈도 보이지 않고
단단히 얼어붙으면 하나가 된다

얼얼얼 뗄래야 뗄 수 없이 단단하게
얼어붙었던 산모롱이 음지쪽
서서히 틈을 보이기 시작하는 봄날
시퍼렇게 이끼를 거느린 채
서릿발은 일제히 칼날을 고누고 있다

그리운 불안(不安)

언제부터인가 불안이 사라지고 있다
거실 창밖으로 굵은 빗방울이 사선으로 떨어지며
가로등 불빛을 갈갈이 찢어 놓아도
멀쩡한 나뭇잎이 바람에 찢겨 떨어져 나뒹굴러도
아내를 기다리던 그 쓸쓸하고 속상하던 불안이 사라졌다
오늘 밤 저녁 회식 때문에
조금 늦을 것이라는 휴대폰의 목소리에도
언제부터인가 넉넉해졌다
거실의 벽면에 필사적으로 매달린 액자처럼
나에게 철저했던 그 불안이 지금은 사라지고 없다
새삼스레 불안이 그리워지는 시각

대학가의 축제도 이제는 끝났는가 보다
아파트 거실 창밖으로
축제의 여파가 몹시도 흥청거리던
가을날 늦은 저녁, 평소의 귀가 시각이 훨씬 지나가 버린
딸아이의 기다림도 이미 사라져 버렸다
축제 끝을 알리는 지긋지긋한 괴성처럼
누군지는 몰라도
가슴 깊이 사랑하는 사람 하나 품고 있음이 분명한데

몹시도 기다리며 애태우던 불안이 사라졌다

딸아이 둘은 이미
나에게 귀여운 외손자 하나씩을 안겨주었다
아내는 지천명 끝에 매달려
수화기를 든 채 외손주의 안부를 물으며
가슴속에 묻어둔 불안을 주름에 가득 담고 있을 때
나는 슬그머니 자리에서 일어나
딸아이가 남겨놓은 텅 빈 방에 들어
나의 잊어버린 불안을 찾는다
불안이 자꾸만 그립다

한밤에 풍경(風磬)치다*

한밤의 시계소리에 뒤채인다
멈추지 않는 나의 심장에
들어와 꽂히는 냉장고 돌아가는 소리
쨍한 대낮을 굳이 외면하는 것들이
어둠 깊은 밤이면 저렇게 큰소리다
뿔뿔이 찢어지는 소리들이
나의 팔다리에 숫제 도깨비바늘처럼 엉켜 붙는다
반야심경이나 외듯
때로는 지장경 속을 걷듯
선뜻 아내의 코고는 소리도 일제히 일어선다
어둠이 헌신(獻身)하여 이룩한
이 위대한 소음의 현신(現身)
나는 다만 가녀린 몸부림일 뿐
마침내 자리를 박차고 일어나서
냉장고의 문을 연다,
허옇게 드러나는 냉장고의 속살
환한 불빛 속에서는 냉장고도 소리하지 않는다
잠든 아내가 펼쳐놓은 젖가슴모양
어둠 속에서 그토록 소리치더니만
속에 든 먹을 것들이

꼼짝 않고 나를 노려보고 있다
어차피 먹여질 것이라면 먼저 선택되어져야 한다
허드레처럼 밀려오는 시장기에 겉마른
빵 하나를 집고 정수기꼭지를 비틀어 물줄기를 뽑아낸다
언제부터인가 아내에게만 자신하던 나는
잠든 아내를 흔들어 깨워 소음을 줄여대면서
갑자기 머언 기차소리가 활개를 치고
냉장고 문을 닫자 새어나온 빛줄기마저
비참하게 끊기는가 했더니
이내 창 밖으로 뛰쳐나가
서서히 햇귀**로 자라나기 시작한다

*풍경(風磬)치다: (풍경이 울리듯이) 자꾸 들락날락하다
**햇귀: 해가 처음 솟을 때의 빛

떨어지는 나뭇잎을 바라보며

나뭇잎이 떨어진 곳이라면 어디에나 뿌리를 내려도 좋다
애 안은 어머니의 풋풋한 젖꼭지처럼
촉촉이 젖어 있는 곳
아무리 가뭄이 머문다 하더라도
벌레 한 마리쯤 스며들어 넉넉히 살아갈 수 있도록
메마르지 않은 천방산(千房山)* 골짜구니에
징검다리 건너듯 바람이 불어오면서
스스럼없이 한 잎 두 잎 떨어지는 낙엽을 바라보노라면
어디 정겹지 않은 것이 있으랴
신분증처럼 가지고 다니던 하늘의 구름도
잠시 그림자를 내려 하늘의 메시지를 전해주고는
푸르고 푸른 제 모습으로
넉넉히 가을을 가꾸어 지상에 펼쳐 놓는다

그 동안에 짊어지고 다닌
지겹도록 무거운 보따리를 풀어 놓는다
주민등록등본, 운전면허증, 그리고 교통 카드와 갖가지 명함까지
한 잎 떨어지는 낙엽을 바라보면서
천방산 골짜기에 발 벗어 내려놓으면

가을의 짧은 해도 언제나 밝은 대낮의 햇살 속이다

*천방산(千房山):차령의 끝에 자리한 충남 서천(舒川) 지방의 산

장례식장으로 가는 길

　집중호우의 뉴스를 접하고 장례식장으로 가는 길에 택시를 탄다
　호우 피해가 심한가 보라고 말하니 늙으막한 개인택시 운전수는
　그냥 받아들이며 살아가야지 어쩌겠느냐고 한다.
　전혀 걱정이 안 되는 것 같다는 나의 말에 언제부터인가
　지천명으로 바라보는 검은 하늘의 굵은 빗줄기에도
　밑동 통통 굵어버린 가로수가 큰바람에 뽑혀도
　실상은 모두 다 운명으로 버려지게 되더란다
　팔자 참 좋으시다 하니
　가진 거 조금씩 버려가면서 살아가는 것이라고
　그렇게 살아가는 게 바로 나이를 먹어가면서 얻은 삶이라고
　그러다 보면 결국 흙을 등지게 되는데
　두 눈두덩 위에 흙이 덮이는 게 무엇이 두렵겠느냐
　시야는 점점 흐려지면서 와이퍼의 속도가 빨라지면서
　굵은 빗방울이 사정없이 차창을 난타하다가
　장례예식장의 현관에 이르자 일순 적막에 감싸인다
　포도에 깔린 즐펀한 빗물에
　장례식장을 알리는 간판이 눈부시게 고여 들자

가장 낮으막하게 엎드려 있는 빗물의 운구 행렬
단 한 마디 말하지 않는
무명의 위대한 삶들처럼 아래로만 흘러가는 게 보인다

무량사(無量寺)에서

내 어머니는
천방산(千房山)에서
이곳 만수산(萬壽山)까지
딸 다섯 끝의 아들인 나를
무병장수(無病長壽)의 기구(祈求)로 안고
수 백 번 수 천 번은 더 오셨다 가셨다 한다
그렇게 살아있는 힘을 다하여
끝내 아버지보다 이 세상을 먼저 떠나고

그때 다섯 누이들의 흘린 눈물은
오층의 높이는 넉넉히 이루었을 것이다
그래서일까, 무량사(無量寺) 오층석탑 옥개석(屋蓋石)에는
분명 내 두 눈의 눈물이 고이고

無
量
無量無量
無量
無量
無量無量無量
無量無量無量
無量無量
無量無量無量無量
無量無量無量無量
無量無量無量
無量無量無量無量無量
無量無量無量無量
無量無量無量無量
無量無量無量無量無量無量
無量無量無量無量無量
無量無量無量無量無量
無量無量無量無量無量
無量無量無量無量無量無量無量無量
無量無量無量無量無量無量無量
無量無量無量無量無量無量無量
無量無量無量無量無量無量無量
無量無量無量無量無量無量無量無量無量
無量無量無量無量無量無量無量無量無量

극락전(極樂殿)에 들어

무량(無量)으로 탑을 쌓아올리고 나니

먼저 가신 어머니, 뒤따르신 아버지를 마중하여
못다 이룬 한이라도 푸신 것일까
마침내 이 지상에는 아들 하나, 그렇게
동그마니 남겨 놓았음도 흐뭇해하신 걸까
엎드려 두 손을 모으는데
슬그머니 나의 두 손안에 가득 담겨오는
아미타 삼존불의 무궁한 미소

내 기구는 분명
누가 들어줄 이도 없고
누가 들어줄 리도 없는데
누구일까. 만수산 지나온 바람이
당간지주 끝에 매달려 히히거리다가
일주문 밖으로 나가는가 싶더니
웬걸, 문득 걸음을 멈춰
매월당 김시습의 시비(詩碑) 앞에서
날더러 시비처럼 무량으로 서서
기념사진이나 하나 남겨두란다
그렇게 시늉하며 살아가는 자취나 남기란다

III
헌 책방을 찾아서

궁남지(宮南池)에 두 손을 씻으며

엊저녁의 짙은 어둠을 씻어내듯
아침햇살을 대야에 가득 담아
바득바득 씻어내었던 두 손
백 리 길을 단숨에 달려와
궁남지에 담근 채로
다시 한 번 비벼 씻어낸다

한 마리의 용(龍)도
이곳에서 두 손을 씻고, 온 몸을 씻고
서동(薯童)을 낳았다 하지 않았던가
임금님을 낳게 하지 않았던가
아, 서라벌 최고의 미녀
선화공주님을 모셔오지 않았던가

그러나, 아차, 오늘도
한 발 늦어 빼앗겨 버렸구나
물위에 뜬 연꽃은 이미
모든 어둠을 얼굴에서 씻어내고
푸른 창포는 숫제 발목부터 담갔구나

천 년을 넘게
저리 씻어내며 살아온
맑고 밝은 궁남지의 연꽃과 창포
향기로운 몸으로 살아왔을 것이다
어찌 임금님을 낳을
그 위대한 불륜을 꿈꿀 수 있을 것인가

궁남지에 뒤늦게
두 손을 비며 아둑아둑 씻으며
백 리를 앞서 달려 와서는
창포꽃 연꽃 위에 사뿐 내려앉아
철모르게 또 다른 불륜에 빠져버린
오늘 아침의 햇살을 다시 만났다

*궁남지에 살던 용을 아버지로 태어난 서동(=백제 무왕)은 서라벌의 선화공주를 꼬
  여내 아내를 삼았다 한다

빈 하늘

조금은
가난하게 살고 싶다
가난하다는 것은
무엇인가 비어 있다는 것
나의 사랑도
그렇게 비어 있고 싶다

비어있는 곳을 찾아
자꾸만 채우며 살아가고 싶다

하늘은 늘 가난하다
그래서 곧잘 구름 벗어 비어 있다
비어 있을 때마다
더욱 푸르러지는 하늘을 바라보다가
더욱 더 눈부신 햇살이 쏟아지는 걸 보다가
나는 그만 좌르르
눈물을 흘리고 말았다

헌책방을 찾아서

헌책방에 들려
누군가 읽다가 버려 예까지 와버린
헌 시집 한 권을 샀다
정가의 오분의 일도 되지 못한 시집 한 권
왜 그렇게 싸냐고 물으니
요즈음 같은 때 시 같은 걸 누가 읽느냐
한 두어 편 읽다가 버리는 것이지요
당연하지 않느냐는 듯
헌책방 주인이 오히려 이상하게 날 바라보았다
시내버스 제일 뒷좌석에 앉아
떨떠름한 가슴을 열어 시집을 펼쳤다
누가 그랬을까?
사랑, 별, 햇살 등이 나오는 시 구절마다에
붉은 볼펜으로 굵은 줄이 그어져 있었다
그러고 보니 이 시집을 처음 펼쳤던 사람에게도
뜨거움이 있었던 것 아니겠는가
그렇구나, 그렇구나
한때의 뜨거움을 가진 자는 이렇게 버릴 줄도 안다
그 동안 어떠한 뜨거움도 없이
얼마나 많은 세월을 탕진하며 미적거려 왔던가

문득 나의 사랑과 별과 햇살이 부끄러워졌다
나는 그만 달리는 버스에서 내려
잊고 살아왔던 내 사랑과 별과 햇살을 찾아
다시 헌책방을 찾아서 힘차게 내달렸다

영광굴비에 대한 추억

난생 처음 바다에 갔을 때
난생 처음 바다를 만나 본 기쁨에 들떠
나는
가장 긴 손가락 하나를 곧게 세우고
바닷물을 찍어 혀끝을 적시었다
바닷물이 짜다는 말을
비로소 사실로 확인하는 순간이었다
그리고 나서
처음으로 사랑을 고백하였을 때
사랑이 확인되는 그 기쁨의 눈물이
왜 짠가를 쉽게 알아차렸다
작은 도시 바닷가의 낯선 음식점
정식 백반집
그 스물 다섯 가지도 넘는 수많은 반찬을 앞에 놓고
영광굴비라던가, 그 짭쪼롬한 기쁨에
자꾸만 젓가락을 가져 대다가
창밖으로 펼쳐진 짜디짠 바닷물을 바라보다가
굳이 바다에 뛰어들어
바닷물에 절여져 가는 나를 보았다
사랑은 바다와 같은 것이라서

사랑의 기쁜 눈물은
어릴 적 처음 맛본 바닷물과 같은 것이라서
백반에 정식으로 올라앉은
영광굴비 한 마리를
음식점 창안으로 넘쳐 들어오는 바다에
자꾸만 밀어 넣곤 하였다

무정란(無精卵) 하나

육면체의 닭장 속에서
무정란 하나를 꺼낸다
한 마리씩 닭장에 갇혀 있으니
하루 한 알 토해내는 것은 무정란뿐이다.
두 손을 모아 안으면
사르르 번지는 온기와 함께
나도 한 마리의 닭이 된다.
육면체의 닭장 안에 갇힌
한 마리의 닭, 그래도 지혜를 가진 터라
엘리베이터를 타고 지상에 내려와
또 다른 육면체를 찾는다
거대한 허공
따지고 보면 모두 다 육면체의 공간
나는 어느 사이 닭장 속에 갇힌 채
혼자가 된다
사방상하는 온통 사각(四角), 그 여섯의 단면들
그 중 하나의 선택으로
날마다 날마다 나는 시선을 앗긴다
일체의 한 마디조차 잃어버린 채
이따금 무의미로 꼬꼬댁거리며

점점점 지혜마저 잃어 가는
한 마리의 닭,
나는 그만
침묵의 무정란 하나를 낳고 만다

어둠이 만든 소리

가위눌림에
잠자리에서 일어나 앉으면
환한 대낮, 햇살 속에서도 떠오르지 않던 얼굴이
전광*처럼 어둠 속에서 되살아난다
등떼미는 식은땀에 젖어들고
벽면에 목숨처럼 매달린 괘중시계
어둠이 만들어낸 소리가 가득하다
사력을 다해 흔들어대는 냉장고의 모터소리
잠은 깃털 하나 뽑아내고
손아귀에서 달아나 버린 새새끼처럼
내 몸에서 빠져나가고
어젯밤에 그리도 흐미한 가로등 불빛이
오늘따라 너무나 넓어진 허공을 사뭇 꾸짖는다
그래, 그만 잊어야지
꿈결처럼 진한 눈물은 이제 거두어야지
되풀이되는 다짐도 어둠에 묻혀버리면
창밖으로는 요란한 밤바람 소리
그리고 출렁이는 눈물 속에 달빛 가득 고이는 소리
밤바람이 문틈으로 비벼 방안으로 들어오면서
피피피 피 피피 소리를 높이다가

찰라, 어둠을 치빼는 걸 보면
갓밝이**가 먼 곳에서 스물스물 피어오르고 있는가
마침내 어둠도 차차 소리를 거두어 가기 시작하고
떠오르던 얼굴도 새벽빛 속으로 점점 흐려지면서
난 그제서야 내 몸에서 빠져나간
아침잠을 찾아 나선다

*전광(癲狂):(한방에서 말하는) 실없이 웃는 미친 병
**갓밝이:날이 막 밝을 무렵

쇠비름풀

절망은 아무리 꺾어 내어도
마디마디 뿌리를 내린다
사랑이며 미움이며 아픈 기억까지도
켜켜이 돋아낼 뿌리를 준비하고선
다가오는 장마철, 그 축축한 땅 속에
정말 정 붙이고 살 것인가
살아갈 것인가
아무리 내리찍어도 모자란
이 땅의 고백들아, 사랑의 고백들아
거절당할 때마다 절망은
아무리 꺾여지더라도
여전히 밀물소리로 되살아나는
저 푸른 파도의 거침없는 되풀이
지천명의 나이에도
뿌리내림은 어쩔 수 없구나
거역할 수 없구나,
이 절망은

시(詩)를 만나서

한 편의 시를 만나서
내 옹크린 두 마음을 만난다

아, 시를 만나자마자
들려오는 가슴속의 환성(歡聲)
그리고 그 속에서
뒤틀려오는 나의 심사

나는 왜 일찍이 이런 시작품을 생산해내지 못하고 있었던가

심연(深淵) 속에 깊이 숨어 있는
질투를 낚아 올린다
질투는 가장 소중하고 찬란한 나의 시(詩)
한 편의 시를 만나기 위하여
부대낄 수밖에 없다

하루살이

단 하루를
산만큼
죽은 생명은 길다

죽자마자
풀풀풀 날리는
미라 떼

그림자

어둠을 결코
두려워하지 말라
어둠을 근심하지 말라

밝음만 좇아
자꾸만 몸을 세우려는 너를 위해
난 네 동행의 어둠이 될 것이어니

엘리베이터에서

사위는 거울 벽
문득 벽 쪽이 눈길을 끌었다

뒷머리가 다 빠져 있는
사내 하나, 무척 낯설었다

고개를 갸웃하며 다시 살펴봤다
따라 움직이는 사내의 뒷모습

누구일까?

그것은 그림자가 아니었다
그림자에는 벗겨진 머리가 없다

엘리베이터에서 내리자
텅 비어버린 공간이 생소했다

낯선 사내 하나
그림자처럼 그리워졌다

대나무

세상을
푸르게 산다는 것은
결코 어려운 일이 아니었다

속을 다 비우고

불과 1년도 안 돼
죽순은 다 자라, 온전한
한 그루의 대나무가 되었다

찻집에서

찻잔을 들어
한 잔의 차를 마신다
바람도 없는 거리를 내다보며
마주 앉아 이야기를 나누는 사람도
실상은 화려한 장식에 불과하다
차 한 잔이 결국
나 혼자의 몫으로 남아 있을 뿐이다

거리는 오가는 사람들로 붐빈다
어떤 이는 혼자서 어디론가 향하고
어떤 이는 반가이 나에겐 듯 다가오고
또 어떤 이는 둘이서, 셋이서
서로 마주 보며 오가더라도
결국 제 길은 제가 홀로 갈 뿐이다

한 잔의 차를 마시며
마주 앉은 사람과 하루
어느 때를 장식으로 섞어 마시며
나의 길은 오직 하나
홀로 주어진 길을 확인할 뿐이다

싸라기눈

저 엄청나게 크고
넓은 하늘이

어쩌면 그렇게 속이 좁을까?

잔뜩 찌푸린 얼굴을 하고선
겨우 좁쌀 같은 싸라기눈이라니!

세수를 하며

우리는 사는 날까지
거품을 일궈
얼굴을 닦아내야 한다

그리고 아침을 떠나서
내일도 똑같이 닦아내야 할
두꺼운 얼굴을 준비해야 한다

나무는 상채기로 자란다

나무는 상채기로 자란다
큰 나무일수록
제 몸의 상채기는 크다
때때로 바람을 불러들여
제 몸의 곁가지를 꺾어
버릴 줄 알고
때때로 큰 눈[雪]을 쌓아
제 몸의 무게를 털어 낸다
그때마다 상채기가
밀려오는 아픔이 될 때
사랑의 거리가 눈물로 글썽일 때
바람과 함께
제 몸을 흔들어 춤을 이루고
우듬지의 잎으로
새들을 불러들여 노래를 빚는다

나무는
생채기로 옹이를 만든다
옹이를 만들어
제 몸의 아픔으로 큰 나무가 된다

길을 가는 데는

길을 가는 데는
굽이가 있어야 한다
빠른 걸음을 좀더 더디게 할 수 있는
가로질러 갈 걸 돌아갈 수 있는
바로 곁이 아니라
좀더 멀리할 수 있는
더딤이 있어야 한다

큰 강을 건너는 데에는
다리가 없어야 한다
먼 건너를 가까웁게, 성큼성큼
너른 물을 좁으막히, 넝큼넝큼
바로 건너가 아니라
아득한 저만큼의 거리가 있어야 한다

옛길을 그리워하는 사람아
너와 내가 걷던,
빠른 걸음을 부끄러워 할 때쯤
너와 나는 분명한 이별이었나니
스러졌어도 남아 있어야 할 노래도 없이

먼 길 따라 가쁜 숨결 따라
헉헉헉헉 숨 차 오르는 지름길로 다가서서는
끝내 눈물이었음을 이제는 알겠는가

길을 가는 데는 언덕이 있어야 한다
함께 걸어야 할 너와 내가
산길 굽이굽이 함께 올라가야 할
무엇보다도 충분히 걷고 걸어야 할
아무리 길눈이 어두워도 함께, 찾아보기 쉽게
이 세상의 언덕을 넉넉히 챙겨 놓아야 한다

IV
가끔은 흔들리며 살고 싶다

보석 탄생

보석감정사에게는
보석이 보석으로 보이지 않는다
보석이 보석으로 보이지 않는 눈으로
보석감정사는 보석을 찾는다
오직 눈빛 하나로
돋보기로 돋보이는 눈빛을 모아
한 개의 돌을 보면
돌은 언제나 정직하게 투명한 것
속까지 훤히 드려다 보인다
그렇다. 하나의 돌이 보석이 되기까지에는
속을 훤히 보일 수 있어야 한다
보이지 않는 티끌까지도 하나 없이
그렇게 속이 다 보여야 한다

보석감정사가 두 눈을 밝혀
한 개의 돌을 보고 있다
투명한 돌 하나에 두 눈빛을 채우고 있다
마침내 투명한 돌의 몸에
보석감정사의 눈빛이 깊숙이 심어지자
엄연한 하나의 돌이
비로소 찬란한 보석으로 탄생되어지고 있다

부표(浮漂)에 대하여

넓은 바다로 나가는 길
하얀 부표 하나 떠 있다
아니다, 하나가 아니다
둘, 셋, 넷, 다아섯, 여어섯……
푸르고 넓은 바다 위에
어디에 길이 있고
어디에 길이 없다는 말인가
그러고 보니 매일 걸어온 길에서도
수없이 많은 부표를 만나 왔구나
하늘을 나는 새의 길에도
구름으로 떠 있는 부표가 있고
출렁이는 물결 사이에 놓인
부표를 피하여 물고기가 오르내리고
몰랐었구나, 내가 걸어가는 이 길
항상 대기하듯 가로놓인
요주의(要注意)의 부표(浮漂)
갈 수 있는 길과
가서는 안 될 길을 몰랐었구나
눈만 뜨고 나면
길은 길게 늘어서 있고

가야 할 길을 막는 부표는
하나, 둘, 셋, 넷, 다아섯, 여어섯……
파계승처럼 어지럽다

육지 근처 바다, 수많은 부표 위로
갈매기 떼지어 부자유로 날고 있다.

배설(排泄)에 대하여

배설이 좋으면
다 좋다
간밤에 마신 지독한 술
아침의 배설이 큰일이다

한겨울 긴긴 밤
들끓었던 속앓이의 열병
그 누우런 고통을 뱉아 놓는다

속 시원히 배설해 놓을 때마다
흥건히 고이는 역겨움

몸에 넣는 것은
언제나 향기다. 눈에 드는 거
귀로 넣는 소리, 입안에 닿는 맛
모두 고르고 골라낸 진주다

골라낸 핵을 먹고
조개로부터 진주는 배설된다
아름다운 향기의 보석

그렇다. 배설이 좋아야 다 좋다

진주로 하여
서서히 일어서는 욕망
흥건히 고이기 전에
부끄럽지 않은 배설은 다 좋다

울화(鬱火)에 대하여

도시 근처 주유소에
큰불이 났다
섶불보다도 더 무섭게 치솟았다
소방차 수십 대가 몰려와서
일제히 물을 뿜어댔지만
아무 소용이 없었다
신생대 제3기층의 배사구조
그 땅 속 깊이 억눌려왔던 침묵
그 엄청난 울분이 그만
한꺼번에 불길로 터져 버린 것이다
함부로 손댈 일이 아니었다
지상의 모든 비바람과 어둠
송두리째 거두어 짓눌러 잠재운
수천 수백 억 년 동안 쌓아올린 분노를
그렇게 쉽사리 깨울 일이 아니었다
도시의 햇살은 모조리 차단되고
온 도시가 짙은 어둠에 갇혀들자
제 생명이 아까운 사람들이
제 가슴속 일상의 분노인 양
군집을 이루며

울화를 바라보고 있었다

노래방에서 절벽을 만나다

누구는 노래를 부르다 말고
밤, 바닷가로 나가고
누구는 바닷가 산등성이로 올라
찬바람을 만나고
그렇게 잠시 노래를 그치고
세상은 제 무게만큼으로 제 각각
살아가고 있다는 걸 깨닫기도 한다
그리고, 그만큼 한 기쁨이나 슬픔이
체념에 이르고 나면
또 다시 노래를 부르고 싶어진다
세상살이 절벽과도 같다면서
노래방에서 절벽을 만난다
오, 절벽이란
허리춤에 소나무 몇 그루를 기르면서
절박하게 바닷물 속에 제 몸을 깎아질러야
마침내 절경을 이루게 된다고
고래고래 소리치듯 노래를 부르다가
누구나 얼마만큼의 높이에서
웃음에 눈물을 섞어 살아가고 있다는 것을
새삼 생각해 보기도 한다

폭설 뒤에

꿈결에서인 듯
어둠을 타고, 뚝, 뚝, 뚜우뚝
대나무 부러지는 소리가 들리더니
어제보다도 눈부신 아침 햇살 속에
처절하게 부러져 있는 대나무가 보인다
그렇구나
푸르디푸르게, 저 혼자 푸르게
봄 여름 가을을 지나
겨울에 이르기까지, 푸르게 푸르게
늘 푸른 모습 오만이게 자랑이더니
드디어 하늘의 노여움을 불러 들였구나
겨우겨우 몸을 지탱한 것들은
온 몸으로 눈 가득 짊어지고
노역(勞役)의 벌로
허리를 굽히고 있구나

아침 굴뚝 연기로
당당히 쌓인 눈을 녹이고 있는
가난한 초집, 뒤란의 하얀 대숲

화산석(火山石)을 바라보며

구멍이 숭숭 뚫린 채로
고운 단풍에 묻혀 있는
검은 화산석 하나를 보았다
늦가을 저녁때, 아예 처음부터
중독이 되어 버린 침잠한 고독
한때는 땅 속 깊은 어둠에서
활활 타오르던 울분이었다
펄펄 끓어 올린 아우성이었다
그로부터 벗어나
여기는 텅 빈 빛줄기의 세상
보이는 건 모두
빛 좋은 장식이었다
이곳에서는 울분도 아우성도 잃고
다만 강요된 침묵뿐
돌아갈 길은 전혀 보이지 않고
지상에 나와 얻은 제 몸의 상처가
화려한 단풍으로 덮이고 있는 걸 보면
다시 침묵은 굳어지고 굳어질 뿐
박제된 자유 하나로
뒹굴며 살아갈 수밖에 없었다

다보탑(多寶塔) 앞에서

보석은 말이 없다
세상의 보석은 말이 없다
말 없는 보석은
스스로 뽐내지 않는다

누가 저 말 없는 돌조각에
'다보(多寶)'라는 이름을 붙여 주었을까

다보는 영원히
보석을 풍요로 꿈꾸지 않은 꽃
얼어붙은 경도(硬度)에
봄여름 가을은 가고

살아있는 말보다도
더 크게 묻혀온 다보는
때때로 제 이름에도 힘겹다
제 이름에 뽐내질까 차마 두렵다

바이러스(virus)에 대하여

멀건 대낮에
눈에 보이지 않는 것들은
모두 다 밤을 즐긴다
밤이 깊어갈수록
높아만 가는 신열(身熱), 그 열기에
나의 신음은 짙은 어둠 속이다

어둠의 밤은
창문을 열어놓아도 어둠이다
어둠을 자꾸만 토해내는
내 몸 속의 바이러스
잘 못 든 길
함부로 내딛다가 굴러 떨어진 자리
벗어나려는 몸부림이 강해질수록
어둠에 휩싸이다가
드디어 철저하게 갇히고 만다

어둠의 자리는
언제나 지하에 마련되어 있는 것
멀건 대낮에도 바이러스 투성이

한창 신열에 부대끼고 있는 중에
지상은 햇살 한 줌 내려앉을 수 없는
거대한 어둠에 싸여
연신 신음소리를 토해내며
포화(砲火)에 부대껴 살아가고 있다

입 속의 새 한 마리

나의 입 속에는
새 한 마리가 살고 있다
무한의 자유를 가진 새
잠시 한 눈 파는 사이에
새는 날개를 펼치고
제 마음대로 세상을 휘젓는다

내 입 속의 새에게는
휴전선도 DMZ도 없다
언젠가 내 고향 충남 서천의 신성리 갈대밭
영화 JSA 촬영지에 구경 갔을 때
내 입 속의 새가
나보다 먼저 갈대밭으로 날아가 버렸다
수 천 수 만 수십 만 평의 갈대밭
이야―불과 그 탄성 한 마디로
내 몸보다 먼저, 훌쩍,
날아가 버린 새의 완전한 자유

나는 곧잘
내 입 속의 새 한 마리 때문에

낭패를 당하는 수가 있다
조금만 참을 것을
정말 눈 깜짝 할 사이에 뛰쳐나가
기어이 일을 저지르고 마는 새
―그저 살아가려면 모름지기, 남자는
　세 뿌리*를 조심해야 되느니라
그 뿌리 중의 하나
불과 세 치도 안 되는 날개로
제 멋대로 뛰쳐나가
완전한 자유를 누리려는
내 입 속의 소중한 새 한 마리

새장의 문 닫는 연습에
오늘도 나는 부지런한 헛수고다

*세 뿌리:헛뿌리, 발뿌리, 좆뿌리

장승에 대하여

멀쩡한 나무를
땅 속 깊이 거꾸로 박아 놓고
올곧은 뿌리
머리로 세워 놓고
제 얼굴 똑바로 세운다 한들
마음 편안할 리 있을까

애써 치켜
부릅뜬 눈초리
바보 온달의 눈동자를 하고
속마음을 감출 수 있겠는가
귀밑까지 찢어진 입술 사이로
끝내 장탄(長歎)*을 토해내는
천 년 전의 업보
어찌 감당할 수 있으랴

모든 시각은
제 시각으로 멈추어 있다
뿌리가 하늘 높이 올라간 순간
장승은 최소한 동구(洞口)의 덫이 된다

세상은 부릅뜬 눈으로 보이지 않는다
포식은 찢어진 입으로 꿈꾸지 못한다

처음 눈발이 날리던 날
동구에 갇힌 장승은
세상을 정면으로 바라보지 못하는
슬픈 얼굴을 하고
무게마저 포기해버린, 흐느러진 햇살로
된바람에 삭아가기 시작한다

---

*장탄(長歎):장탄식(長歎息)의 준말

가끔은 흔들리며 살고 싶다

지난밤의 긴 어둠
비바람 심히 몰아치면서, 나무는
제 몸을 마구 흔들며 높이 소리하더니
눈부신 아침 햇살을 받아 더욱 더 푸르다
감당하지 못할 이파리들을 털어 버린 까닭이다
맑은 날 과분한 이파리를 매달고는
참회는 어둠 속에서 가능한 것
분에 넘치는 이파리를 떨어뜨렸다
제 몸의 무게만큼 감당하기 위해서
가끔은 저렇게 남모르게 흔들어 대는 나무
나도 가끔은 흔들리며 살고 싶다
어둠을 틈 타 참회의 눈을 하고
부끄러움처럼 비어있는 천정(天頂)을 바라보며
내게 주어진 무게만을 감당하고 싶다
홀가분하게 아침 햇살에 눈부시고 싶다
대둔산 구름다리를 건너며
흔들리며 웃는 게 눈부실 수 있다
가끔씩 온몸을 흔들리며
무게로 채워진 바위
그 무게를 버려가며 사는 게 삶이다

지난날들의 모자가 아직 씌워져 남아 있는
푸넘의 확인, 구름다리 밑의 아찔한 거리로
가끔은 징검징검 흔들리며 살고 싶다

소낙비가 지난 뒤에

가을날, 소낙비가 지난 뒤에
하늘은 더욱 높고 푸르러졌다
가는 길마다
패인 곳마다 차고 넘치고
고인 물이 차츰 맑아질 즈음
가을 하늘이 고스란히
물웅덩이에 내려앉았다

아, 저리도 높고 푸른 하늘이
이다지도 작고 낮은 물웅덩이에 자리할 줄이야

높은 담을 기어오른
저 오만한 담쟁이넝쿨
여름 내내 땀방울 하나 흘리지도 않고
그냥 그렇게 남의 담이나 타고 오르더니
마지막 제 몸까지 붉히고 붉혀
현란한 유혹까지 감행하고 있더니
이제는 작은 바람결도 견디지 못하고
제 현란한 유혹에 낙엽으로 떨어지고 마는구나

몸을 높이려면
스스로 몸을 낮추어 맑게 자리하는 것

마침내 나는
가던 길을 멈추고
고개를 숙이고 더욱 또 숙여
높고 푸른 가을하늘을 우러러 볼 수밖에 없었다

나이를 먹어 간다는 것은

나이를
먹어간다는 것은
필요로부터 점점 소모되어 간다는 것이다

문득 서 있는 것들이
허공에 몸을 세워 가는 것을 본다
허공을 박차면서 떨어지는 단풍잎 하나를 본다
가을날 눈부시게 물들이던 빛깔들도
차고 넘쳐나더니
결국에는 저렇게 떨어지고 마는 것

허공 끝으로 아름답게 떨어지는
노을의 모습이 점점 부러워질 때
하루의 끝으로 떨어지면서
저렇게 가장 아름다울 수 있을까 할 때

태양도 제 빛으로 제 모습을 보이고 있음을 안다

나이를 먹어간다는 것은
다 저녁 때 서 있는 것들이 모두

허공으로 눈부시게 부서져 가는 것들이 모두
어느 때보다도 잘 보인다는 것이다

옹이는 살아 있다

옹이는 멀건 대낮에 살아 있다
살아가면 살아갈수록 선명해지는 옹이
그렇다, 옹이를 버려야지
옹이를 잊어가며 살아가야지
피하면 피해갈수록 더욱 뚜렷해지는
옹이를 잊으려고 산에 오른다
기슭의 참나무마다 상처가 심하다
상처가 옹이로 자라나
굵은 참나무일수록 크고 깊다
나이에 든다는 것은
어쩌면 옹이를 기르며 살아가는 것인지도 모른다
그런 생각으로 산에 오르면서
하나같이 하나씩의 옹이를 가지고 있는 나무들을 본다

바위 사이에 소나무 몇 그루가 서 있다
뿌리가 땅거죽을 뚫고 드러나 있는데
웬 일일까, 옹이가 빛나고 있다
하얗게 돋아난 옹이
지난 해 봄맞이에 앞서 쏟아져 내린 폭설로
부러져 버린 소나무 가지

그 가지마다에서 옹이가 굵어지고 있다

아, 이 거대한 지구
이 지구에 뿌리를 내리고
비를 맞고 바람에 흔들리는 것들이란 모두
옹이를 기르고 있구나, 기르면서 살아가고 있구나
문득 바위에 걸터앉자
산 아랫마을을 굽어본다
그 한 켠으로 밀려나서
내 작은 집은 옹이처럼 굵게 자리하고 있다

지구에도 옹이가 있다
지구 내부에서 달달 끓어오른 용암이
마침내 땅거죽으로 치솟아 올라
부서지다가 뒹굴다가 자리해 굳어버린 지구의 옹이
바위 위에 걸터앉아 옹이를 잊어버리려다
나도 결국 어느덧
세상의 옹이 하나로 살아있다는 것을 깨닫는다

오동나무는 젖어서 소리한다

길가에
커다란 오동나무 한 그루 서 있다
혼자가 아니다
바람과 함께 비에 젖고 있다
바람이 가지 사이를 오고 갈 때
오동꽃에서는, 딸랑딸랑—
젖어 가는 종소리가 난다
빗물이 흘러내리면서
점점 젖어 가는 오동나무의 몸통에서는
흐느끼는 거문고 소리가 난다
그렇다!
오동나무가 살아가는 까닭이다
살아가는 것이란 홀로가 아니다
누군가와 함께 무엇인가에 젖어간다는 것
젖어가면서 소리를 낸다는 것
지어미는 지아비에게, 지아비는 지어미에게
새끼는 새끼대로 에미에게
에미는 에미대로 새끼들에게
아, 사랑하는 너와 나, 서로에게
신나게 젖어가며 울음으로 소리한다는 것

진종일 길가에 서서
커다란 오동나무 한 그루
젖어 가는 모습을 바라본다
하늘과 땅 사이에서 수없이
소리하는 오동나무 한 그루를 만난다

허상(虛像), 허물어지다

나의 품 속에 소중히 기르던
작은 산새 한 마리를 숲으로 날려 보낸 뒤
그 산새가 떨어뜨린 깃털 하나까지
바람 한 줄기에 날려 보낸 뒤
나는 비로소
내 가슴속에 난 길을 찾을 수 있었다
태어나서 처음으로 만난 길, 오솔길은
산기슭을 돌아 언덕을 넘어
길고 긴 논둑으로 이어지고
바다로 향한 둑으로 나아가기도 했다
그 길마다 가득한 토끼풀꽃, 잔디풀
넝쿨마다 눈물인 듯 촉촉이 젖었다
헤집고 그 속을 들여다보면
이름 모를 벌레들을 떼지어 살고 있었구나
햇살을 굳이 외면하고 살아온
이 벌레들, 버러지 같은 것들이 자기들의 권역인 양
내 품 속을 차지하고
마음껏 어깻죽지를 펼치면서
발 빠른 몸짓으로 제 몸을 숨기기에 바빴다

어느덧 가을이 다 갈 무렵
그 끝에 겨울이 희미한 머리칼처럼 두리번거릴 때
새 한 마리가 날아가서 비워 놓은 자리
너른 들녘에서 치솟아 오르는 회오리처럼
일순, 가장 커다란 허상(虛像) 하나가 허물어지고 있었다

[해 설]

시의 거울과 무량(無量)의 거울 사이를 들여다보다

김백겸(시인)

1. 무의식의 구조와 그림

시는 시인의 무의식이라는 바위틈을 비집고 샘물처럼 솟아오르는 정열이다. 기호로 쓰여진 시는 시인의 무의식이 느낀 감정과 통찰을 시문법과 규칙에 의해 정리해 놓은 것이다. 시는 밤하늘의 별처럼 드러난 기표이지만 별은 밤하늘의 배경이 없으면 그 생생한 모습이 사라진다. 구재기 시인의 새 시집 『가끔은 흔들리며 살고 싶다』의 첫 독자가 되어 일독을 했다. 구 시인의 어두운 마음에 잠긴 기의와 별빛으로서의 기표가 어떻게 해야 밤하늘처럼 잘 대비될 수 있을까 생각해 본다.

한 시인의 무의식은 그가 자라난 배경에서 형성된다. 구재기 시인의 무의식은 이번 시집이 발간되기 직전 발간

된 시선집 『구름은 무게를 버리며 간다』에 잘 나타나 있다. 주로 자연과 농촌의 풍경이 그의 무의식을 차지하고 있다. 인간의 아니마가 유년시절에 형성되듯 무의식도 어린 시절에 각인된 풍경과 삶의 체험에 의해 주로 형성된다. 트라우마(Trauma)로서의 경험은 한 개인의 마음에 일생동안 화인(火印)을 남긴다. '언어는 의식과 무의식을 동시에 비추고 있는 거울이다.' 라는 주장을 수용하기로 하고 시선집에서 구재기 시인의 심상(心象)을 가장 잘 드러내는 시편을 하나 들어보자.

> 작은 내로 송사리를 몰러 떠난 계집아이야. 떠난 다음에는 어레미에 송사리 가득할 때까지 돌아와서는 안 된다. 쇠스랑 끝에 두엄 썩는 냄새가 피어올라 네 오라비는 서울로 돈을 벌러 떠나고, 늙은 참봉의 기침소리에 놀라 아래채 소실은 담을 넘어 당산堂山의 솔숲으로 떠났다.
> 작은 내로 송사리를 몰러 떠난 계집아이야. 비록 맨발이지만 사람들은 모두 다 제 갈 길로 떠나간단다. 이제 어레미 사이로 빈 마을의 노을만이 보이고, 초가집 돌담 밑에서 노오란 민들레꽃 홀로 핀단다.
>
> ―「민들레 꽃」 전문

융(C.J Yung)은 예술과 문화를 아니마(Anima)의 산물로 보았다. 아니마가 남자예술가의 일생을 지혜와 능력의 길로 안내하는가 채울 수 없는 환상과 욕망에 탈진하도록 몰아가는가의 여부는 예술가의 무의식구조가 좌우한다.

구재기 시인의 아니마는 위 시에서는 "작은 내로 송사리를 몰러 떠난 계집아이"로 표상된다. 그 계집아이는 자라서 시인의 연애가 되고 반려가 되어서 일생을 수확하는 긍정의 아니마가 아니고 가난한 농촌을 돈 벌러 떠나서 이별의 상흔을 준 아니마이다. 시인은 아픔은 "초가집 돌담 밑에서 노오란 민들레꽃 홀로 핀단다"로 드러나는데 잡지 못한 대상에 대한 그리움과 욕망이 한편의 아름다운 풍경을 그려낸다.

2. 언어, 거울로서의 시와 그 뒤편의 그림

시란 어떤 식으로 쓰던 작가의 세계에 대한 연애편지이다. 한 시인의 솔직한 내면을 볼려면 연애시가 가장 좋다. 인간실존의 근원인 성(性)과 사랑에 대한 태도가 삶의 꼴을 결정한다. 이 시집에서 구재기 시인이 생각하는 삶의 모습을 들여다보자

> 나방이에게도 사랑이 있다
> 어둠이 와서야 비로소 불꽃이 있다는 것을 알고
> 나방이는 밤이 깊어지기를 기다려
> 불꽃을 찾아 나선다
> 깊은 밤은 사랑을 고백하기에
> 가장 아름다운 시각
> 모든 허물을 벗고

비로소 나방이의 날갯짓이 시작된다
그러나 날개는
애당초 하늘을 꿈꾼 게 아니다
날갯짓을 다하여 불꽃을 찾아 날다가
가슴의 압박을 느끼는 순간
사랑하고 있구나
사랑하고 있었구나
불꽃에 뜨거운 몸을 던지고
목숨을 다하는 길밖에 사랑은 없다
불꽃은 저만큼 아스라하다
온몸을 던져 불꽃을 향한 무한의 몸부림

살아야 할 시간
살아갈 시간은 많지 않다
차단된 벽에 온몸을 던지고 나면
사랑은 언제나 어둠을 크게 하여 소리하는 것
차츰 날갯짓이 잦아들기 시작하면
밤은 먼 데서부터 상실이 크다
어둠 속에서 점점 지워지기 시작한다

아침이 순하게 밝아오면서
불꽃은 햇살이 된다
창호지 밖 방충망 아래
날개가 부러진 채 이슬에 흠뻑 젖은
나방이 한 마리의 주검을 보여준다

— 「가장 아름다운 시각」 전문

낮은 이성과 의식의 시간이다. 사회의 규범과 가치와 도덕에 갇혀 인간은 타인과의 관계로 삶을 꾸려야 한다. 인간의 욕망은 이성에 의해 수면 아래로 숨고 무의식에 갇혀있다. 작가의 무의식이 그리는 지형을 보려면 의식의 고리를 헐겁게 해야 한다. 프로이드는 꿈과 백일몽에 대한 대화로서 신경증의 배경을 드러냈다. 꿈과 백일몽을 일정한 문화형식의 틀(언어)로 번역한 것이 예술작품이니 시란 시인의 사물에 대한 신경증의 산물로 해석할 수도 있다(라깡은 예술을 일종의 편집증으로 해석했다).

위 시에서 화자의 은유인 나방이는 사랑의 욕망에 끌려 불꽃(삶의 에너지)에 산화한다. 화자는 "살아야 할 시간/살아갈 시간은 많지 않다/차단된 벽에 온몸을 던지고 나면/사랑은 언제나 어둠을 크게 하여 소리하는 것"이라고 말한다. 화자는 불꽃같은 삶/사랑의 에너지를 강조한다. 구재기 시인의 내적 욕망이자 트라우마로서의 사랑은 "날개가 부러진 채 이슬에 흠뻑 젖은/나방이 한 마리의 주검"일지라도 "온 몸을 던져" 뛰어드는 것이다. 그 순간이 "가장 아름다운 순간"이라는 인식을 드러낸다.

구재기 시인이 삶에서 가장 아름다운 순간을 성취했을까? 마음의 신경증인 시가 치료효과를 발휘해서 새로운 삶과 지평이 열렸을까? 불행히도 시인들은 이런 운명에 도달하지 못한다. 시인이란 일생을 통해 가고자 하는 이상의 지평선을 멀리서 바라볼 뿐, 그의 가슴에는 해를 기다리는 어둠만이 바다처럼 출렁인다. 다음 작품 「바이러스(Virus)에 대하여」도 상처와 트라우마로서의 마음의 어두운 에너지에 관한 이야기이다.

> 멀건 대낮에
> 눈에 보이지 않는 것들은
> 모두 다 밤을 즐긴다
> 밤이 깊어갈수록
> 높아만 가는 신열(身熱), 그 열기에
> 나의 신음은 짙은 어둠 속이다
>
> 어둠의 밤은
> 창문을 열어놓아도 어둠이다
> 어둠을 자꾸만 토해내는
> 내 몸 속의 바이러스
> 잘 못 든 길
> 함부로 내딛다가 굴러 떨어진 자리
> 벗어나려는 몸부림이 강해질수록
> 어둠에 휩싸이다가
> 드디어 철저하게 갇히고 만다
>
> 어둠의 자리는
> 언제나 지하에 마련되어 있는 것
> 멀건 대낮에도 바이러스 투성이
> 한창 신열에 부대끼고 있는 중에

> 지상은 햇살 한 줌 내려앉을 수 없는
> 거대한 어둠에 싸여
> 연신 신음소리를 토해내며
> 포화(砲火)에 부대껴 살아가고 있다
> ―「바이러스(Virus)에 대하여」 전문

시인의 몸에 바이러스처럼 침투해서 어둠을 토해 놓게 하는 것은 무엇일까. 시적인 정열과 욕망일까. 프로이드는 리비도(Libido)를 라깡은 쥬이상스(jouissance)를 이야기한다. "어둠의 밤은/창문을 열어놓아도 어둠이다"라는 진술처럼 화자는 내면의 어둠이 고통스럽고 불안하다. 융은 마음의 심층구조 모델로 페르소나(Persona)와 그림자(Shadow)와 아니마(Anima)와 전체를 통합한 자기(Self)를 들었다. 그림자는 의식이라는 빛의 이면에 있는 무의식의 정열과 욕망의 은유이다. 그림자란 개인의 페르소나에 가려있으나 한 개인이 드러내고 싶지 않은 정서와 욕망이다. 그림자가 부정이미지 일 때는 개인의 방어기제를 불러오지만 긍정 이미지일 때는 사업의 정열이나 창작의 원동력이 되기도 한다. 그림자는 동물적인 힘과 욕망에 가까운 생존본능의 에너지이다. 화자는 위 시에서 이러한 그림자로서의 어둠이 "멀건 대낮"에도 바이러스처럼 침투해서 "신열"에 부대끼게 한다고 말한다. 화자의 자아는 "연신 신음소리를 토해내며/포화(砲火)에 부대껴 살아가고 있다"는 고통의 인식을 드러낸다.

왜 그림자가 고통스러운지 그 배경은 잘 드러나지 않는

다. 그러나 나는 구재기 시인의 어두운 욕망이 시를 쓰게 한다고 보고 싶다. 시란 의식적인 이성에서 나오는 것이 아니며 무의식의 어둔 힘과 비밀에서 탄생하기 때문이다. 구재기 시인이 자신의 심혼을 투사한 시가 또 한편 있다.

> 우는 게 아니라
> 몸부림하는 게 아니라
> 바람으로 함께 그렇게
> 천 년을 살아온 몸짓일 뿐이다
>
> 헤어짐 앞에서
> 울음하는 게 아니라
> 사랑하는 동안 그렇게
> 흘러왔던 눈물을 계속할 뿐이다
>
> 행복도 슬픔이 될 수 있다는 걸
> 사랑도 눈물이 될 일 있다는 걸
> 파도는 지금 바람으로 함께
> 천 년 전 이별의 모습으로 보여줬다
>
> 일상 헤어짐의 일이란 그렇게
> 오늘의 것이 아니라
> 천 년 전의 그 모습이란 걸
> 파도는 온몸의 몸부림으로 알려줬다
> ―「파도는 지금」 전문

파도는 화자의 투사물이다. 화자는 파도가 "우는 게 아니라/몸부림하는 게 아니라/바람으로 함께 그렇게 /천 년을 살아온 몸짓일 뿐이다" 라고 말한다. 또한 "헤어짐 앞에서/울음하는 게 아니라/사랑하는 동안 그렇게/흘려왔던 눈물을 계속할 뿐이다"라고 말한다. 화자는 파도로서의 한 개인의 고통과 슬픔이란 본래 자연의 본 모습이라는 전이로 화자의 고통을 초월하고자 한다. 파도/존재의 고통이란 고해를 사는 중생의 당연한 숙명이라는 인식이다. 그러나 독자는 이러한 초월로서의 자기 승화에 공감하는 것이 아니라 화자의 고통의 크기가 천년으로 확장되는 어두운 모습에 공감한다. 화자의 그림자이며 욕망에 해당하는 이러한 모습이 인간의 본래 실존이기 때문이다.

해석은 독자의 권리이므로 이 시를 가지고 조금 더 적극적 인식으로 나가보자. 파도/자아는 라깡의 상상 계속에 있는 화자의 은유이다. 실재(Real)/바다는 상상속의 자아와 한 몸이다. 불교에서는 파도와 바다의 不二를 통해 고통이란 파도/자아의 환상이라고 말한다. 바다가 바람의 운동(緣起)에 모습을 찡그린 것이 파도/현실(Reality)이라고 말하는 라깡의 해석으로도 삶이란 결국 환상이다.

그러나 상상계와 상징계의 환상에 사는 인간의 삶이란 실재/바다가 삶에 구멍을 낼 때(본 모습을 보여줄 때) 그 가면이 벗겨진다. 위 시는 불교식의 화해가 아니라 실재(Real)라는 대타자(Nothing)의 심연에 노출된 인간의 가엾은 운명을 암시한다. 우리는 위 시에서 파도/자아가 인식한 고통의 크기가 천년 바다의 모습에 의해 더 확장된 모습을 보았다. 실재(Real)는 언어로 정의되지 않는다는 점에서 바다는 실재계의 은유이며 상징이다. 그 어두운 모습/죽음에 인간은 외경과 숭고함을 느낀다. 이 시에서 독자는 화자가 무의식으로 느낀 고통의 크기를 바다/실재의 무게로 저울질할 때 의미의 깊이가 확장된다.

3. 시의 그림자(Shadow), 욕망의 크기로서의 그림

시선집 『구름은 무게를 버리며 간다』의 약력을 보니 구재기 시인은 1978년 등단한 이래 『자갈전답』을 첫 시집으로 총 14권의 시집을 냈다. 약 이십년 사이에 매 이 년마다 시집을 상재한 셈이니 그 부지런함과 열정을 알 수 있다. 동시에 구시인의 시에 대한 욕망의 크기를 반증하고 있다고 생각한다. 구재기 시인이 시에 욕망과 질투를 그린 재미있는 시가 있어서 소개한다.

> 한 편의 시를 만나서
> 내 옹크린 두 마음을 만난다
>
> 아, 시를 만나자마자
> 들려오는 가슴속의 환성(歡聲)
> 그리고 그 속에서
> 뒤틀려오는 나의 심사

나는 왜 일찍이 이런 시작품을 생산해내지 못하고 있었
던가

심연(深淵) 속에 깊이 숨어 있는
질투를 낚아 올린다
질투는 가장 소중하고 찬란한 나의 시(詩)
한 편의 시를 만나기 위하여
부대낄 수밖에 없다
—「시(詩)를 만나서」 전문

 시란 사물에 대한 투사이고 응시이다. 나의 욕망을 투사하고 환상을 전이하는 것이다. 대타자인 뮤즈가 하는 말을 듣고 옮겨 적는 직업이 시인 이라는 고전적인 해석이 있으나 무의식의 심연에서는 대타자의 욕망이 나의 욕망이다. 내가 시를 바라볼 때 시가 나를 바라본다. 시에 대한 욕망과 환상이 없으면 시는 나를 향해 말을 걸지 않는다. 구재기 시인의 시에 대한 환상은 욕망이기에 시가 아름다우며 그 시가 내 소유가 아니기에 고통과 질투를 낳는다. 욕망으로서의 시/질투는 "가장 소중하고 찬란한 나의 시(詩)"이며 "한 편의 시를 만나기 위하여/부대낄 수밖에 없다"는 시이다.
 질투는 융이 말한 마음의 구조 중 그림자에 해당하는 부분이다. 그림자는 우리 자신의 '어두운 면'이다. 융은 그림자를 열등함, 비문명적임, 에고가 다른 사람들에게 보여주고 싶지 않아하는 동물적인 특성 등으로 설명한다. 그림자가 전적으로 나쁜 것은 아니지만, 문명사화의 도덕과 상징계에서는 원시적이고 부적응적인 충동인 것만은 사실이다. 그러나 우리가 정직하게 그림자를 대면한다면, 그림자는 삶에 활력을 불어넣고 예술과 학문의 창조력을 가져오기도 한다. 화자가 시에 대한 "질투"를 긍정적인 방향으로 승화한다면 화자는 그 욕망만큼 좋은 시를 쓸 수 있는 가능성을 위 시는 보여준다. 아름다움에 대한 욕망은 응시를 낳고 응시는 라깡의 말을 빌리면 "현실 속에서 본 꿈"이다. 꿈의 시는 소유할 수 없기에 고통이고 질투를 낳는다.

4. "그리운 불안"으로서의 마음의 그림

언제부터인가 불안이 사라지고 있다
거실 창밖으로 굵은 빗방울이 사선으로 떨어지며
가로등 불빛을 갈갈이 찢어 놓아도
멀쩡한 나뭇잎이 바람에 찢겨 떨어져 나뒹굴러도
아내를 기다리던 그 쓸쓸하고 속상하던 불안이 사라졌다
오늘 밤 저녁 회식 때문에
조금 늦을 것이라는 휴대폰의 목소리에도
언제부터인가 넉넉해졌다
거실의 벽면에 필사적으로 매달린 액자처럼
나에게 철저했던 그 불안이 지금은 사라지고 없다

새삼스레 불안이 그리워지는 시각

대학가의 축제도 이제는 끝났는가 보다
아파트 거실 창밖으로
축제의 여파가 몹시도 흥청거리던
가을날 늦은 저녁, 평소의 귀가 시각이 훨씬 지나가 버린
딸아이의 기다림도 이미 사라져 버렸다
축제 끝을 알리는 지긋지긋한 괴성처럼
누군지는 몰라도
가슴깊이 사랑하는 사람 하나 품고 있음이 분명한데
몹시도 기다리며 애태우던 불안이 사라졌다

딸아이 둘은 이미
나에게 귀여운 외손자 하나씩을 안겨주었다
아내는 지천명 끝에 매달려
수화기를 든 채 외손주의 안부를 물으며
가슴속에 묻어둔 불안을 주름에 가득 담고 있을 때
나는 슬그머니 자리에서 일어나
딸아이가 남겨놓은 텅 빈 방에 들어
나의 잊어버린 불안을 찾는다
불안이 자꾸만 그립다

—「그리운 불안(不安)」 전문

현대인들은 마음의 고통에 시달린다. 여러 가지 정신증세가 있지만 우울증과 불안장애가 가장 흔한 마음의 병이

아닐까 싶다. 우울증은 호르몬 계통의 이상으로 가벼운 침울함이나 기분저하가 아닌 개인의 통제를 넘어선 침울에 사로잡혀 정신의 혼란과 발작상태를 경험한다. 체험자들의 보고에 의하면 공포와 소외감과 숨막히는 불안이 엄습한다. 그러나 이 시에서의 화자는 질병으로서의 불안이 아닌 평범하고 완전한 일상을 위협하는 멜랑콜리의 불안을 말한다.

몸과 정신이 감당할 수 있는 정도의 불안과 스트레스는 현실에 대한 평범한 시각을 비일상적인 시각으로 바꾸는 촉매제이다. 가족과 사회와 직업, 그리고 재산 같은 관계와 가치들이 의미가 없어지는 불안이 있고 안전기지로서의 사물을 내가 잃어버릴까 두려운 불안이 있다. 시의 문면에 의하면 화자가 겪는 불안은 "아내를 기다리던 그 쓸쓸하고 속상하던 불안"이며 "가슴깊이 사랑하는 사람"을 "몹시도 기다리며 애태우던 불안"이다. 인간관계에 대한 불안인데 결국 사랑에 관한 문제이다.

사랑에 관한한 왕도가 없다. 인간은 타자의 사랑을 갈구하지만 나눌 수 있는 것은 생식을 하기 위한 性뿐이다. '인간은 낙원에서 추방되면서 애정을 반납하고 정욕을 얻는다. 그리고 정욕과 함께 얻은 것이 영생이 아닌 죽음이다' 라고 심리학자들은 말한다. (권택영, 『라깡,장자.태극기』) 죽는 존재이기에 생은 늘 불안하고 타자와의 합일로서 완전을 꿈꾸는 애정의 요구는 일회용 욕구에 그친다. 주체가 이런 불안한 자아를 인식할 때 사물은 다른 모습과 상황을 제공하고 그 불안이 시를 낳는다. 시는 심리에너지의 배치관계에서 긴장과 탈출의 반복운동인데 위 시에서 화자는 안정이 아닌 모험으로서의 시적 상황이 소멸하고 있음을 슬퍼한다.

5. 고해의 무량(無量)과 시의 무량(無量)이 마주 본 그림

구재기 시인의 시집 제목 『가끔은 흔들리며 살고 싶다』의 암시처럼 구시인의 시들은 현실의 안정에서 시의 흔들림을 지향하는 시편들을 많이 보여준다. 시인은 「시인의 말」에서 "세상에는/길이 있고/또한 길 아닌 길이 있다/시에도 길이 있고/또한 길 아닌 시의 길이 있다/두 길에의 첫 걸음 앞에서 나는 항상 뒷걸음질이다/길인 길로 가고자 하나/나를 바라봄에/나를 찾을 수 없고/길 아닌 길로 나아가려하니/나를 바라봄에/나를 잃을 수밖에 없다/오늘도 나는/길인 길로 가는 노력삼아/시 앞에서 뒷걸음질 할 요량이다/그러다 보면/내 시의 원시元始에 이를 것이다.//그러나/시의 길인 나의 길은/나에게 아득하기만 하다"라고 시인으로서의 소회를 밝히고 있다.

시인으로서 시의 길에 선 갈등과 불안을 말하고 있는데 프로스트의 「가지 않은 길」에 나오는 화자의 슬픔을 연상케 하는 서문이다. 시에 대한 회의가 없는 시인이 어디 있겠는가. 일반적으로 시와 현실의 충돌과 길항을 말하지만 구재기 시인은 알려진 "시의 길"과 "길 아닌 시의 길" 사이에서 방황하는 시적자아를 고뇌한다. 그러나 같은 시인의 길을 가는 내 생각에 "시의 길"이란 따로 있는 것이 아니다. 내가 바라보는 시공과 관계하는 사물 모두가 "시의 길"이다. 이런 전체성으로서의 시의 모습이 가장 잘 드러난 시가 다음 시이다. 개인소견이나 이 시집에서 구재기 시인의 가장 훌륭한 작품이 아닐까 생각한다.

내 어머니는
천방산(千房山)에서
이곳 만수산(萬壽山)까지
딸 다섯 끝의 아들인 나를
무병장수(無病長壽)의 기구(祈求)로 안고
수 백 번 수 천 번은 더 오셨다 가셨다 한다
그렇게 살아있는 힘을 다하여
끝내 아버지보다 이 세상을 먼저 떠나고

그때 다섯 누이들의 흘린 눈물은
오층의 높이는 넉넉히 이루었을 것이다
그래서일까, 무량사(無量寺) 오층석탑 옥개석(屋蓋石)에는
분명 내 두 눈의 눈물이 고이고

無
量
無量無量
無量
無量
無量無量無量
無量無量無量
無量無量
無量無量無量無量
無量無量無量
無量無量無量
無量無量無量無量無量
無量無量無量無量
無量無量無量無量
無量無量無量無量無量無量
無量無量無量無量無量
無量無量無量無量無量
無量無量無量無量無量無量
無量無量無量無量無量無量無量無量無量
無量無量無量無量無量無量無量
無量無量無量無量無量無量無量
無量無量無量無量無量無量無量
無量無量無量無量無量無量無量無量無量無量
無量無量無量無量無量無量無量無量無量

극락전(極樂殿)에 들어
무량(無量)으로 탑을 쌓아올리고 나니
먼저 가신 어머니, 뒤따르신 아버지를 마중하여
못다 이룬 한이라도 푸신 것일까
마침내 이 지상에는 아들 하나, 그렇게
동그마니 남겨 놓았음도 흐뭇해하신 걸까
엎드려 두 손을 모으는데
슬그머니 나의 두 손안에 가득 담겨오는

아미타 삼존불의 무궁한 미소

내 기구는 분명
누가 들어줄 이도 없고
누가 들어줄 리도 없는데
누구일까. 만수산 지나온 바람이
당간지주 끝에 매달려 히히거리다가
일주문 밖으로 나가는가 싶더니
웬걸, 문득 걸음을 멈춰
매월당 김시습의 시비(詩碑) 앞에서
날더러 시비처럼 무량으로 서서
기념사진이나 하나 남겨두란다
그렇게 시늉하며 살아가는 자취나 남기란다
　　　　　　　—「무량사(無量寺)에서」 전문

　이 시는 화자의 개인사를 色과 空의 양쪽에서 본 시각으로 그려냈다. 色의 시각으로는 딸 다섯을 낳고 얻은 귀한 아들에 대한 어머니의 사랑과 집착을, 空의 시각으로는 어머니와 딸과 화자의 눈물이 "무량사(無量寺) 오층석탑"처럼 쌓여져 있는 삼 연의 시각적 기호를 그려냈다. 상징의 회화적 심상을 노린 이런 기법은 이 시의 해석깊이와 폭에 기여한다. 시란 문화의 형식이자 인간 정신의 형식이다. '예술은 말할 수 없는 것을 언어의 형식으로 드러내는 것이다' 라는 견해가 있다. 시인의 마음은 말할 수 없는 것(무량한 눈물)을 보고 있으나 언어형식으로는 유랑

(有量)한 눈물로 드러낼 수밖에 없다.

"매월당 김시습의 시비(詩碑)"도 이런 관점에서 유량(有量)한 언어이다. 자연이자 無의 자취인 "바람"은 화자인 시인에게 "기념사진이나 하나 남겨두란다"고 충고한다. 구재기 시인에게 시란 "시늉하며 살아가는 자취"로서 스스로를 위로하는 의식의 산물이다. 그러나 그의 무의식은 시의 "무량(無量)"이 다음과 같이 서 있는 풍경을 보고 있다.

無
量
無量無量
無量
無量
無量無量無量
無量無量無量
無量無量
無量無量無量無量
無量無量無量
無量無量無量
無量無量無量無量無量
無量無量無量無量
無量無量無量無量
無量無量無量無量無量無量
無量無量無量無量無量
無量無量無量無量無量
無量無量無量無量無量
無量無量無量無量無量無量無量無量
無量無量無量無量無量無量無量
無量無量無量無量無量無量無量
無量無量無量無量無量無量無量
無量無量無量無量無量無量無量無量
無量無量無量無量無量無量無量無量